Inhalt

Value durch Nachhaltigkeit generieren

Kernthesen

Beitrag

Fallbeispiele

Weiterführende Literatur

Impressum

GENIOS WirtschaftsWissen Nr. 04/2003 vom 29.04.2003

Value durch Nachhaltigkeit generieren

G.Dengl

Kernthesen

- Aufgrund der schwierigen und auch turbulenten Kapitalmarktlage, haben Fachleute große Schwierigkeiten, verlässliche Bewertungen für Unternehmen zu erstellen.
- In dieser Phase der Unsicherheit gewinnen besonders diejenigen Unternehmen an Attraktivität, bei denen man mit langfristigen, aber beständigen Wertzuwächsen rechnen kann. Dazu zählen in Deutschland vor allem die MDAX-Titel.
- Unternehmen aus der zweiten Reihe weisen

tendenziell Merkmale auf, die sie für eine Value-Strategie empfehlen.
- Ein Merkmal, das in diesem Zusammenhang immer mehr an Bedeutung gewinnt, ist die nachhaltige Unternehmensführung. Damit ist eine Balance gemeint, zwischen den ökonomischen Interessen des Unternehmens, sowie den Interessen der wichtigsten internen und externen Anspruchsgruppen.

Beitrag

Die Unternehmensbewertung dient grundsätzlich dem Ziel, denjenigen Wert eines Unternehmens einzuschätzen, der nicht direkt aus der Bilanz hervorgeht. Es soll deshalb z. B. eingeschätzt werden, welchen Wert das Unternehmen in Zukunft haben wird. Diese Frage interessiert zum einen Konkurrenzunternehmen, die eine Übernahme erwägen, und zum anderen potenzielle Investoren, die wissen wollen, wie viel sie an einem Unternehmen zukünftig verdienen können.

Die Aufgabe der Bewertung fällt in der Regel Fonds-Managern, Investmentbankern oder Rating-Analysten zu. Doch selten hatte es diese

Personengruppe so schwer wie derzeit, eine vernünftige Einschätzung abzugeben. Denn nicht nur externe Profis sind gegenwärtig etwas ratlos, sondern auch die Manager der zu bewertenden Unternehmen halten sich mit Aussagen über die Zukunft des eigenen Unternehmens betont zurück. (5)

Aus Unsicherheit über die Zukunft, und um sich nicht unnötig unter Druck zu setzen, wollen einige namhafte Wall-Street-Unternehmen (z. B. McDonalds, AT&T) noch nicht einmal mehr Gewinnprognosen herausgeben. Diese wurden bisher traditionell in der Mitte eines Quartals veröffentlicht und sollten der Öffentlichkeit Hinweise darauf geben, ob die Gewinnziele voraussichtlich erreicht werden oder nicht. (4)

Nachdem der Markt für Unternehmensübernahmen so gut wie zusammengebrochen ist, sind es nun lediglich noch die Investoren, die sich mit der Bewertung und Auswahl von Unternehmen beschäftigen. Ihnen stellt sich zunehmend die Frage, nach welchen Kriterien man Unternehmen noch bewerten soll. Die herkömmlichen Bewertungsmethoden (KGV, DCF, EVA, ...) scheinen keine verlässlichen Ergebnisse zu produzieren. Manche gehen sogar so weit, zu sagen, dass in der gegenwärtigen Marktphase die Fundamentanalyse teilweise unbrauchbar geworden ist. (9)

Growth und Value

Wie sollten sich Fonds-Manager also verhalten, wenn ihre Bewertungsinstrumente nicht mehr verlässlich arbeiten? Hier ist ein deutlicher Trend sichtbar geworden, der sich bereits seit den letzten Monaten 2002 immer deutlicher abzeichnet. Es ist kaum überraschend, dass von den beiden Investment-Strategien "Growth" und "Value" derzeit immer mehr die langfristige Value-Strategie in den Vordergrund tritt. Die Euphorie um die Growth-Werte (Wachstum) gehört der Zeit vor der Jahrtausendwende an. Jetzt setzt man zunehmend auf "Value", d. h. auf nachhaltige Gewinn- und Renditeentwicklung. Diese wertorientierte Strategie hat sich in Krisenzeiten bewährt, denn sie setzt auf Titel von Unternehmen, die von der aktuellen Marktlage zwar nicht abgekoppelt, aber dennoch bis zu einem gewissen Maß unabhängig sind.

Wie weist man einen Titel der einen oder anderen Kategorie zu?

So wird es bei MSCI-Global-Value und Global-

Growth-Index-Serien gemacht:
1) Errechnung des Verhältnisses des Aktienkurses zum jeweiligen Buchwert
2) Die Ergebnisse werden aufsteigend sortiert, d. h. man beginnt mit dem niedrigsten Wert. Diese Titel werden solange dem Value-Lager zugerechnet bis 50 % der Marktkapitalisierung des jeweiligen Länderindexes erreicht sind
3) Die anderen 50 % stellen Growth-Titel dar (13)

Weitere Möglichkeiten für Value-Titel
- KGV auf Sicht der kommenden zwölf Monate
- Dividendenrendite
Daneben gibt es noch diverse Möglichkeiten für Growth-Titel.
Durch diese etwas differenziertere Betrachtung kann man vier Gruppen, statt der bisherigen zwei bilden: Value, Growth, zu beiden gehörend, zu keiner gehörend.

Die Einteilung in Growth und Value wird aber nicht überall so trennscharf durchgeführt. Immer wieder gibt es beispielsweise Value-Fonds, die voller Growth-Werte sind und umgekehrt. (13) , (14)

Welche Unternehmen bieten

Value?

Es handelt sich dabei um Unternehmen die im Vergleich zum erwirtschafteten Gewinn, Cash-Flow oder Umsatz unterbewertet sind. (6) Sie operieren in etablierten Geschäftsfeldern und weisen eine längere Firmengeschichte auf. In einem gewissen Sinn, wurden sie vom Markt "vernachlässigt", weil ihr wahrer Wert noch nicht erkannt wurde. Der wahre Wert liegt in diesem Fall in der Beständigkeit der Erträge. Das sind oft Titel aus "der zweiten Reihe", z. B. des MDAX. (12) Solide, oft mittelständische Firmen, sog. Substanzwerte. Ihre wichtigsten Eigenschaften sind:
- nachhaltige Gewinnen (mindestens 50 Millionen Dollar pro Jahr)
- geringe Verschuldung
- hohe Eigenkapitalrendite
- hoher Cash-Flow
- das Management hat selbst Anteile am Unternehmen (12)

Außerdem sucht man nach Faktoren, die den Wert indirekt, aber eben langfristig beeinflussen:
- Produkte
- erfolgversprechende Restrukturierungsbemühungen
- Kostensenkungsmaßnahmen (6)

Wer in Unternehmen dieser Kategorien investiert, verfolgt in der Regel eine Strategie langfristigen Wertzuwachses. Die Selektion der Unternehmen erfolgt auf Grund der Analyse der aktuellen wirtschaftlichen Leistung eines Unternehmens, weniger Augenmerk wird auf eine überdurchschnittliche zukünftige Entwicklung gelegt. (8)

Fallbeispiele

1) Vertrauen durch Nachhaltigkeit
Nachhaltige Unternehmensführung hat neben der stabilen Ertragsentwicklung noch einen weiteren Vorteil. Vor allem vor dem Hintergrund des sinkenden Vertrauens in die Unternehmenszahlen können gerade diejenigen Firmen noch die meisten Punkte gut machen, die nach außen hin ihre nachhaltige Geschäftspraxis effektiv kommunizieren. Eine Studie ergab, dass man in dieser Hinsicht in Europa schon weiter ist, als in den USA. (2)

2) Studie zur Nachhaltigkeit von Oekom Research (1)
Ergebnis: In der Network Components-Branche ist noch viel zu tun, um die Kriterien der Nachhaltigkeit zu erfüllen.

3) Tyco. Zuerst in die Schlagzeilen geraten, kann man

nun, nachdem das Management ausgetauscht wurde und sich das Unternehmen eine komplette Buchprüfung verordnet hat, davon ausgehen, dass das Schlimmste überstanden ist. Trotzdem scheint die Aktie unterbewertet. (6)

4) Nachhaltigkeitsfonds im Netz
Im Internet gibt es seit kurzem ein neues Portal (www.nachhaltiges-investment.org), das Fonds auflistet, die aufgrund von Nachhaltigkeitskriterien zusammengestellt sind. Es wird darüber hinaus die Methodik einiger Nachhaltigkeitsindizes und -ratingansätzen erklärt. (3)

Weiterführende Literatur

(1) Industrie auf dem Prüfstand / Die Rating-Agentur Oekom Research untersuchte 19 Firmen aus dem Segment Networks & Components. Viele setzen das Prinzip der Nachhaltigkeit noch nicht konsequent um, taz, 20.01.2003, S. 10
aus FTD Financial Times Deutschland vom 26.11.2002, Seite 23

(2) Nachhaltigkeit zur Prävention
aus Neue Zürcher Zeitung, 06.12.2002, Nr. 284, S. 30

(3) Nachhaltigkeitsfonds im Netz
aus Frankfurter Allgemeine Zeitung, 18.02.2003, Nr. 41,

(4) Spielregeln der Bilanzsaison ändern sich
aus Frankfurter Allgemeine Zeitung, 06.02.2003, Nr. 31, S. 21

(5) Wall-Street-Notizen Credit Spreads - Ein Anker im Nebel der Finanzmärkte
aus Neue Zürcher Zeitung, 28.01.2003, Nr. 22, S. 27

(6) Echte Werte
aus Frankfurter Allgemeine Zeitung, 07.02.2003, Nr. 32, S. 25

(7) Blum, A. / Heinemann, W., Die Chancen deutscher Nebenwerte sind nicht ausgereizt / Eine Mischung aus «Value» und Zyklikern verspricht Kursgewinne / Südzucker notieren auf attraktivem Niveau, Finanz und Wirtschaft, 14.12.2002, S. 30: AUSLAND
aus Frankfurter Allgemeine Zeitung, 07.02.2003, Nr. 32, S. 25

(8) Bohnenblust, P., Value-Strategie, Finanz und Wirtschaft, 15.01.2003, S. 25: SONDERTHEMA
aus Frankfurter Allgemeine Zeitung, 07.02.2003, Nr. 32, S. 25

(9) Drastil, C., "Wer Value mit Unterbewertung verwechselt, macht einen Fehler" / Wolfgang Auer von Welsbach, Chef der börsenotierten AvW, auf steter Suche nach dem richtigen Investmentstil, WirtschaftsBlatt, 07.02.2003, Nr. 1803, S. A20

aus Frankfurter Allgemeine Zeitung, 07.02.2003, Nr. 32, S. 25

(10) Substanz ist gefragt AKTIEN / Einige aussichtsreiche MDAX-Werte entziehen sich dem Abwärtssog der Börsen und legen gegen den Trend sogar zu. Calls lohnen sich.
aus Börse Online vom 20.02.2003, Seite 38

(11) Lichtblicke in der zweiten Reihe MDAX / Die Wirtschaftskrise und der drohende Irak-Krieg setzen den Aktienbörsen zu. Doch beim MDAX zeichnet sich eine Bodenbildung ab. Ausgewählte Mid Caps bieten nach wie vor Kurspotenzial.
aus Börse Online vom 23.01.2003, Seite 18

(12) Mit Substanz zum Erfolg - Value-Fonds trotzen der Baisse Value-Fondsmanager kaufen Aktien ertragsstarker Unternehmen, wenn die Allgemeinheit verkauft
aus WirtschaftsBlatt, 11.02.2003, Nr. 1805, S. A19

(13) Keine Frage des Stils Growth oder Value, Wachstum oder Wert? Die Frage erhitzt die Gemüter, seit es Aktienfonds gibt. Style Investing versucht das Dilemma zu lösen, indem es beide Investmentstile vereint
aus FTD Financial Times Deutschland vom 13.12.2002, Seite WE6

(14) Etikettenschwindel bei Investmentfonds nimmt zu Mangel an Stiltreue: Aktienfonds investieren in

Bonds - Value-Fonds sind voller Growth-Werte
aus Börsen-Zeitung, 05.12.2002, Nummer 235, Seite 3

(15) Rückbesinnung auf Ertragskraft und strategische Substanz lohnt sich
aus Lebensmittel Zeitung 49 vom 06.12.2002 Seite 052

Impressum

Value durch Nachhaltigkeit generieren

Bibliografische Information der deutschen Nationalbibliothek

Die Deutsche Nationalbibliothek verzeichnet diese Publikation in der deutschen Nationalbibliografie; detaillierte bibliografische Daten sind im Internet über http://dnb.d-nb.de abrufbar.

ISBN: 978-3-7379-1564-9

© 2015 GBI-Genios Deutsche Wirtschaftsdatenbank GmbH, Freischützstraße 96, 81927 München, www.genios.de

Alle Rechte vorbehalten. Dieses Werk ist einschließlich aller seiner Teile – z.B. Texte, Tabellen und Grafiken - urheberrechtlich geschützt. Jede Verwertung außerhalb der Grenzen des Urheberrechtsgesetzes bedarf der vorherigen Zustimmung des Verlags. Dies gilt insbesondere auch für auszugsweise Nachdrucke, fotomechanische Vervielfältigungen (Fotokopie/Mikroskopie), Übersetzungen, Auswertungen durch Datenbanken oder ähnliche Einrichtungen und die Einspeicherung und Verarbeitung in elektronischen Systemen.